YO MANEJO UN CAMIÓN DE VOLTEO

I DRIVE A DUMP TRUCK

por/by **Sarah Bridges**

ilustrado por/illustrated by **Derrick Alderman & Denise Shea**

traducción/translation: **Dr. Martín Luis Guzmán Ferrer**

PICTURE WINDOW BOOKS
a capstone imprint

Thanks to Local Union 49 in Rosemount, Minnesota (especially Gene Sebion)—S.B.

Thanks to our advisers for their expertise, research, and advice:

Tom Jackson, Executive Editor of *Equipment World*
Tuscaloosa, Alabama

Susan Kesselring, M.A., Literacy Educator
Rosemount-Apple Valley-Eagan (Minnesota) School District

Editors: Brenda Haugen, Christianne Jones
Spanish Copy Editor: Adalín Torres-Zayas
Set Designer: Nathan Gassman
Designer: Eric Manske
Production Specialist: Jane Klenk
Storyboard development: Amy Bailey Muehlenhardt
The illustrations in this book were rendered digitally.

Picture Window Books
151 Good Counsel Drive
P.O. Box 669
Mankato, MN 56002-0669
877-845-8392
www.capstonepub.com

All books published by Picture Window Books
are manufactured with paper containing at least
10 percent post-consumer waste.

Printed in the United States of America in North Mankato, Minnesota.
032010 005740CGF10

Library of Congress Cataloging-in-Publication Data
Bridges, Sarah.
     Yo manejo un camión de volteo / por Sarah Bridges =
I drive a dump truck / by Sarah Bridges.
     p. cm. —(Picture Window bilingüe, bilingual)
(Vehículos de trabajo = Working wheels)
     Includes index.
     Summary: "Describes and illustrates how a dump truck is
operated—in both English and Spanish"—Provided by publisher.
     ISBN 978-1-4048-6301-9 (library binding)
     1. Dump trucks—Juvenile literature. I. Title. II. Title: I drive a
dump truck.
TL230.15.B7418 2011
624.1'52—dc22   2010009869

3

My name is Henry, and I drive a dump truck. I check my truck carefully before starting work for the day.

Me llamo Enrique, y yo manejo un camión de volteo. Antes de empezar mi día de trabajo, reviso mi camión cuidadosamente.

Dump trucks have between six and 10 wheels. A driver checks the truck's wheels to make sure the tires have enough air.

Los camiones de volteo tienen entre seis y 10 ruedas. El conductor revisa las llantas del camión para estar seguro que tienen suficiente aire.

5

My truck has a special air system that makes
the brakes work.

Mi camión tiene un sistema especial de aire
que hace funcionar a los frenos.

The air system makes a loud *choosh* sound when the brakes are ready.

El sistema de aire hace un ruido fuerte, que suena como *chuuch*, cuando los frenos están listos.

A buzzer rings if the air system is not ready. It sounds like a loud doorbell.

Una chicharra suena si el sistema de aire todavía no está listo. Suena como timbre.

The small, round mirror on the passenger side is called the peep sight. It lets the driver peep around the truck.

El espejo, pequeño y redondo, al lado del pasajero se llama ojo para espiar. Le permite al conductor espiar alrededor del camión.

8

My truck has three mirrors. Two are attached outside the passenger's seat. One is found outside the driver's seat.

Mi camión tiene tres espejos. Dos están sujetos en la parte exterior al lado del asiento del pasajero. El otro se encuentra afuera al lado del asiento del conductor.

The mirrors help me back up without **hitting** anything.

El espejo me ayuda a echarme en reversa sin **chocar** con nada.

My truck's main job is to haul
things from one place to another.

El trabajo principal de mi camión es
acarrear cosas de un lugar a otro.

A wheel loader empties dirt, rocks, or fill into my dump box.

La pala pone la tierra, piedras o relleno en la caja de mi camión.

The biggest dump truck can carry about 45,000 pounds (20,412 kilograms). That's more than the weight of four elephants!

El camión más grande de volteo puede llevar cerca de 45,000 libras (20,412 kilos). ¡Eso es más pesado que cuatro elefantes!

Sometimes, my truck is loaded with gravel from quarries. Gravel is used for making roads.

Algunas veces mi camión acarrea grava de las canteras. La grava se usa para hacer carreteras.

Dump trucks have hoist levers that make the dump box go up. As the dump box rises, the tailgate opens. Then everything spills out of the dump box.

Los camiones de volteo tienen palancas para elevar la caja de volteo. A medida que la caja se eleva, la puerta trasera se abre. Entonces todo se sale de la caja de volteo.

When my truck is full, I drive the gravel
to another spot and dump it out.

Cuando el camión se llena, yo conduzco
la grava a otro lugar para descargarla.

Sometimes, dirt is too **MUSHY** to build things on.

Algunas veces la tierra está demasiado **blanduzca** para construir algo sobre ella.

Dirt may be bad for one thing but good for another. Mushy, squishy dirt can be hard to build on, but it is great for gardens and backyards.

14

Wheel loaders scoop up the soft dirt. They load the dirt into the dump box. I haul the soil away.

Las palas de carga excavan la tierra suave. Amontonan la tierra en la caja de volteo del camión. Luego yo me llevo la carga.

La tierra puede ser mala para unas cosas, pero buena para otras. La tierra blanduzca y pegajosa puede ser un problema para construir algo sobre ella, pero es buenísima para los jardines y los patios.

My truck has a special cab shield
that protects me.

Mi camión tiene una cabina especial
con un escudo para protegerme.

I'm done for the day. It's time to put my dump truck away.

Ya terminé por hoy. Es hora de guardar mi camión de volteo.

After the last load, the driver lowers the box, locks the tail latch, and turns off the system that lets the dump box go up and down.

Después de su última carga, el conductor baja la caja de volteo, cierra el picaporte trasero y apaga el sistema que permite que la caja suba y baje.

DUMP TRUCK DIAGRAM/
DIAGRAMA DEL CAMION DE VOLTEO

cab shield/
escudo de la cabina

cab/cabina

tailgate/
puerta trasera

dump box/
caja de volteo

FUN FACTS

 Dump trucks have bells or buzzers on their back bumpers or frames that ring when they back up. This tells people to get out of the way.

 Dump trucks used to be smaller than they are today. They often pulled a second trailer, or box, behind them. The two vehicles were called a truck and a pup.

DATOS DIVERTIDOS

 Los camiones de volteo tiene campanas o timbres en sus defensas traseras o parachoques que suenan cuando se echan en reversa. Esto sirve para alertar a la gente a que se quite.

 Los camiones de volteo antes eran más pequeños. Con frecuencia jalaban un segundo tráiler o remolque detrás de ellos. A los dos vehículos se les llamaban camión y cachorro.

GLOSSARY

cab—the place where the driver of the dump truck sits

cab shield—the unit that protects the cab and the driver

dump box—the part of the dump truck that holds the dirt and other materials

fill—a mix of rock, sand, dirt, or clay

quarry—a place where stone or gravel is dug out of the ground

tailgate—a gate on the back of a dump truck that can be opened when the driver wants to empty the dump box

tail latch—the lever that opens and locks the tailgate

GLOSARIO

la **cabina**—lugar donde se sienta el conductor del camión de volteo

la **caja de volteo**—parte del camión de volteo que lleva la tierra y otros materiales

la **cantera**—lugar donde se extrae grava o piedra

el **escudo de la cabina**—unidad para proteger a la cabina y al conductor

el **picaporte**—una palanca que abre y cierra la puerta trasera

la **puerta trasera**—puerta posterior del camión de volteo que puede abrirse cuando el conductor quiere vaciar el contenido de la caja de volteo

el **relleno**—mezcla de piedras, arena, tierra o barro

INTERNET SITES

FactHound offers a safe, fun way to find Internet sites related to this book. All of the sites on FactHound have been researched by our staff.

Here's all you do:

Visit www.facthound.com

Type in this code: 9781404863019

SITIOS DE INTERNET

FactHound brinda una forma segura y divertida de encontrar sitios de Internet relacionados con este libro. Todos los sitios en FactHound han sido investigados por nuestro personal.

Esto es todo lo que tienes que hacer:

Visita www.facthound.com

Ingresa este código: 9781404863019